알바트로스의 꿈

시조사랑시인선 24

장성덕 시조집

알바트로스의 꿈

열린출판

■ 시인의 말

  2006년 퇴직하고 취미를 찾던 중 김흥열 선배님의 권유로 시조에 입문한 이후 송파여성문화회관에서 이석규 교수님과 김흥열 선배님의 시조 강의를 들으면서 시조를 배우게 되었다. 2016년 (사)한국시조협회에 등단과 동시 회원으로 본격적으로 활동하면서 시조의 매력에 흠뻑 빠져들게 되었다.

  우리의 전통 시조는 격조와 운치가 넘치는 우리 민족 고유의 정형시이다. 3.4조와 4.4조의 율격을 바탕으로 '3장 6구 12소절' 45자 내외로 우리의 정서를 나타낼 수 있는 훌륭한 문학 장르이다. 이 소중한 문화유산을 잘 가꾸고 발전시켜, 날로 발전하고 있는 한류의 대열에 함께 참여하고 싶다.

  잘 걷지도 못하는 새가 하늘을 나는 꿈을 꾸고 있다. 아직은 뒤뚱뒤뚱 걷는 것도 힘들지만 부지런히 배우고 익혀, 훗날 폭풍우 몰아치는 언덕에서 창공으로 날아올라 구만리 장천을 날아갈 수 있는 '알바트로스'가 되고 싶다.

  그동안 걱정스러운 눈으로 곁에서 응원해준 아내와 아들 딸 사위 며느리와 손주들에게 감사하며, 평설을 써주시고 이끌어 주신 이석규 교수님과 매번 고쳐가면서 지도해주신 김흥열 선배님께 진심으로 감사드립니다.

2022년 7월
수경재守敬齋에서 장 성 덕

■ 차례

■ 시인의 말 ·· 5
■ 서문: 『알바트로스의 꿈』에 부쳐
　__김흥열(시조시인) ································ 15

1부 알바트로스의 꿈

난蘭 ·· 21
곶감 ··· 22
배롱나무 ·· 23
자생난自生蘭 ·· 24
모소 대나무 ·· 25
세한도 ·· 26
우면산 소나무 ··· 27
저자도楮子島를 찾아서 ······························ 28
명태 ··· 29
알바트로스의 꿈 ······································ 30
칭기즈칸 ·· 31
돌민정음 ·· 32
거문도 ·· 33
아! 지리산 ·· 34
울진 금강송金剛松 ···································· 35
겨울 덕유산 ·· 36
내기바둑 ·· 37
황산黃山에서 ··· 38
하와이 연정 ·· 39

솔베이지의 연가 ····· 40
미스・미스터 트롯 ····· 41
국민가수 ····· 42

제2부 회룡포에 피는 꽃빛

초간정草澗亭에서 ····· 45
예천 용문사龍門寺 ····· 46
회룡포 ····· 47
석송령 ····· 48
연화사蓮花寺에서 ····· 49
고향 마을 ····· 50
샘밭 ····· 51
폐허가 된 교정 ····· 52
고향 ····· 53
삼강 주막 ····· 54
설날 ····· 55
산사山寺의 모정母情 ····· 56
옛 생각 ····· 57
회상 ····· 58
종소리 ····· 59
병산서원 ····· 60
선성 수상水上길 ····· 61
말 무덤[言塚] 이야기 ····· 62
징 소리 ····· 63

아차산 둘레길 ······················· 64
송파 둘레길 ························ 65
판교 원마을 사람들 ·················· 66

제3부 봄이 오는 길목

봄이 오는 길목 ······················ 69
설중매 ···························· 70
봄 마중 ··························· 71
입춘 ····························· 72
Early Spring ······················· 73
봄나물 ···························· 74
불청객 ···························· 75
새벽에 홀로 ························ 76
단비 ····························· 77
유월은 ···························· 78
장맛비 ···························· 79
말복 ····························· 80
가을밤 ···························· 81
초승달 ···························· 82
애기 동지 ·························· 83
눈[雪] ···························· 84
눈 오는 날에 ······················· 85
채송화 ···························· 86
저 산 너머 ························· 87

아침 등산 ················ 88
두물머리 ················ 89
비행기 타고 ·············· 90
소래포구 ················ 91

제4부 새별오름

차귀도 ················· 95
제주 해녀 ················ 96
새별오름 ················ 97
제주 비자림榧子林에서 ········· 98
제주 올레길 ·············· 99
성산 일출 ················ 100
백도白島 ················· 101
청산도·1 ················ 102
청산도·2 ················ 103
천왕봉 일출 ·············· 104
남녘의 봄 ················ 105
운조루雲鳥樓 ·············· 106
남명선생 유적지에서 ········· 107
의기義妓 강아江娥의 묘 ········ 108
흔적 ··················· 109
김광수 선생님을 추모하며 ····· 110
밤바다 ················· 111
손자 재혁이 ·············· 112

큰 손녀 미니 졸업 ··· 113
작은 손녀 워니 ·· 114
외손녀 이수 ·· 115
외손자 호준이 ·· 116

■ 평설: '알바트로스의 꿈'으로 살아가기
　　__이석규(문학박사, 시조시인) ················ 117

■ 서문

『알바트로스의 꿈』에 부쳐

김흥열
(시조시인)

　우선 작품집 『알바트로스의 꿈』 상재를 진심으로 축하드린다.
　장성덕 시인은 시조에 입문한 지 오래된 것은 아니지만 그의 이번 작품을 열람해 보면 시조 연륜이 있는 것 같은 느낌을 받는다. 그의 작품 전체에서 흐르고 있는 아정雅正한 작품들은 하나같이 시조의 정체성을 대변하고 있는 듯해서이다.
　즉, 시조의 전통을 전혀 훼손하지 않고 정체성을 잘 살려내고 있음을 발견하게 된다. 외형은 물론이고 문장의 짜임새까지 전형적인 시조의 모범답안이다.
　고시조는 창唱으로 하는 것이 목적이고 현대시조는 읽으며 문학적, 예술적 가치에 중심을 두는 문학이다. 시조時調라는 용어의 어원이 시절가조時節歌調를 줄여서 된 말이라는 근거 없는 학설이 주류를 이루어 온 것이 사실이다. 그러나 '시조'의 어원은 조선 후기 『낙하생전집』의 저자인 이

학규가 말한 대로 '시절가時節歌'에서 나온 말이다. 이 때 '시절時節'은 때(또는 계절)를 지칭하는 말이 아니라, '풍류 가락에 맞추어 부르는 노래'라는 의미라고 해석된다. 여기서 말하는 풍류는 '관현악으로 하는 합주'를 말한다. 절節이라는 말에서 그 유래를 발견할 수 있다. 따라서 고시조는 노래唱와 불가분의 관계에 놓여 있었으나 현대에 와서는 최남선이 주장한 대로 문학文學과의 관계에 놓여 있다. 그러므로 현대시조란 사상이나 감정을 상상의 힘을 빌려 언어로 표현한 예술이지 노래하는 음악적 요소는 아니다. 시대에 따라 요구되는 의미가 바뀌었다고 볼 수 있다. 그래서 일상어가 아닌 비유를 먹고 살아야 한다.

특히 시조는 절제를 요구받는 문학이다. 따라서 '시조는 절제의 미학'이라 해도 지나치지 않을 것이다. 똑같은 서정시라 해도 자유시보다는 시조가 더욱 절제되고 함축된 표현을 요구받는다.

이제 시인의 작품 몇 편을 감상하면서 장성덕의 시조 세계를 더듬어 보기로 한다.

  한 아름 산을 안고
  떠도는 구름 품고

  말 없는 저 강물은
  아는 듯 모르는 듯

  물색이

선비를 닮아
시리도록 푸르구나.
「선성 수상水上길」

 이 작품은 통합의 작품이다. 산과 구름, 강은 서로가 모양도 다르고 역할도 다르지만, 하나로 아우를 때만 조화를 이루어 아름다운 세상을 만들 수 있다는 요즘의 우리 사회를 향한 외침으로 들린다.
 화자가 종장에서 말하고 있듯이 진정한 선비는 옳고 그름만 따질 뿐 남을 비난하는 데 목적을 두고 살지는 않는다. 초장에서는 서로 다른 개성을 품어주는 아량을 말하고 있으며, 중장에서는 누구와 부딪쳐도 소리 내지 않고 그저 말없이 살아갈 뿐이라는 점을, 그리고 청렴하고 학식이 높은 선비를 염두에 두고 그 선비처럼 살고 싶다는 열망을 표현하고 있다. 작가는 우탁 선생과 퇴계 선생을 염두에 두고 이 작품을 쓴 것이라 여겨진다. '선비를 닮은 물색'이라는 표현이 이를 대변한다고 본다.
 종장 한 줄을 탄생시키기 위해 아마 화자는 몇 날 며칠을 고민했을 것이다. 물색이 고운 선비는 자신이다. 자신의 바람이다.
 기록에 의하면 우탁은 관직에서 물러난 뒤 안동 예안마을에서 후학을 가르치며 여생을 보냈다고 한다. 그러나 안동댐의 건설과 더불어 그곳에 살던 주민들은 강제 이주되었으며, 아직도 '예끼 마을'이라 부르기도 하는데, 이는 끼가 많은 예술의 동네란 뜻이 있다고 한다.

각 장마다 음절수의 배치가 시조의 전형이다. 과거 고시조 작품을 보면 종장 후구 말미가 3자로 되어 있으나 이는 허사虛辭로 마감을 하는 것이 유행하던 시절이고, 현재는 실사實辭가 오기 때문에 4자가 오더라도 정상적인 음절수가 된다.

> 한걸음에 올라와서 수천을 바라보면
> 하늘엔 뭉게구름 발아래는 초록 물결
> 새악시 너울 흔들며 가는 발목 잡는다.
>
> 세상을 바꾸려나, 밤새워 천둥 운 뒤
> 보랏빛 꽃무리로 아침을 꾸며놓고
> 첫 순정 받아 달라며 발목 잡고 떼쓴다.
>
> 「새별오름」

백과사전에 따르면 '오름'은 한라산을 중심으로 제주도 전역에 걸쳐 분포하는데 그 수는 360개 이상으로 알려졌다. 이들 오름은 형성연대가 오래되지 않았고 빗물의 투수율이 높아 원형이 잘 보존된 것이 특징이다. 분석구噴石丘에는 보통 깔때기 모양의 분화구가 존재하지만 아주 작은 것은 분화구가 없는 경우도 있다. '새별오름'은 제주시 애월읍 봉성리에 소재하는 오름이다. 그 진경眞景이 얼마나 아름다웠으면 '한걸음'에 달려왔을까? 화자는 지금 황홀경에 취해서 내려가기 싫은 심정이다. 종장에 '새악시'는 새

풀 또는 갓 피어난 꽃일 것이다.

  둘째 수 초장에서 화자의 현세적 어려움을(사회적, 정치적 갈등) 엿볼 수 있다. '세상을 바꾸려나.' 하는 표현이 이를 대변한다. 내려가 속세와 부딪치면 또다시 내적 갈등을 초래할까 두려워 '꽃무리가 발목 잡고 떼를 쓴다.'라는 핑계로 오래 그곳에 머물고 싶다는 화자의 심중을 은연중에 나타내고 있다. 이러한 화자의 심중이 행간마다 반짝인다. 연시조이면서 연시조의 조건을 하나도 흩뜨리지 않고 완벽하게 소화해 내고 있다.

    유채꽃 노랗게 핀 섬마을 언덕길에
    동화 속 갇혀 버린 구부정한 돌담 하나
    허름한 옛 모습대로 천년 세월 지킨다.
                                   「청산도·2」

  청산도는 이름 그대로 물과 산이 모두 푸르다고 하여 붙여진 이름이다. 천천히 걸으며 경치에 취하는 것도 일품이지만 '느림의 미학'을 체험해 볼 수 있는 곳이기도 하다.

  이 작품은 「청산도·2」라는 작품의 첫수이다. 시조의 초장과 중장을 상황의 전개 순으로 시작하여 종장을 유도해내는 형식이다. 중장 "동화 속 갇혀 버린 구부정한 돌담"은 작품의 백미이다. 누구나 이상한 나라에 들어온 동화 같은 느낌을 받을 것이다. 구부정한 돌담을 '동화 속에 갇혀버렸다.'라고 상상하는 시인의 사유는 메타시조meta-sijo 기법이다.

 이 돌담은 앞으로 또 천년을 지켜 우리 민족의 아름다운 정서, 예술적 감각 등을 온 세상에 알릴 것으로 예측된다.

> 서리와
> 칼바람이
> 밤새 빚은 은빛 세상
>
> 눈에 안긴
> 향적봉에
> 상고대를 내걸었네
>
> 서리꽃
> 머리에 이고
> 덕유산이 춤춘다.
>
> 「겨울 덕유산」

 시조의 맛은 이런 작품을 생산해 내는 기쁨에 있다. "서리" "칼바람"은 모두 맞닥뜨리기 싫은 존재들로 나쁜 이미지를 준다. 그러나 장 시인은 이런 혐오스러운 말마저도 예술로 승화시키는 재주꾼이다. 그는 서리와 칼바람을 녹여 은빛 세상을 만든다. 은빛 세상은 기쁨이며 우리의 희망이다. 그리고 중장 후구 역시 시인이 아니면 만들 수 없는 언어이다. '상고대가 핀다.'가 정상적인 일상어 순이라면 '내건다.'라는 말마디를 도입하여 전혀 새로운 느낌을 받게 만든다. 이는 의인화 기법을 사용했기 때문이다. 덕유산은 종장에 가서 춤을 춘다. 무슨 말일까? 상고대가 바람에 흔들리는 것은 산이 춤추는 것이다. 시인은 이처럼 고통과 아픔을 환희로 승화시킬 줄 아는 능력의 소유자이다.

>개나리 아가씨가
>양재천에 찾아오면
>
>잉어들 모여들어
>꼬리 치며 맴을 돌고
>
>연둣빛
>수양버들도
>봄바람이 잔뜩 든다.

「봄 마중」

이 작품은 단수이지만 양재천을 찾아오는 봄의 이력을 고스란히 드러내고 있다.

개나리를 "아가씨"로 단정해 놓고 이야기를 만들어 간다. 얼마나 아름다우면 양재천에 놀던 잉어들이 모여들어 예쁜 아가씨를 보려고 난리를 피울까? 마치 유명한 연예인을 보러 수많은 관중이 모이는 장면을 연상케 한다. 종장도 절창이다. 바람이 불면 버들이 흔들리는 것은 당연한 이치지만 시인은 '봄바람이 든다.'라는 신선한 표현으로 독자의 관심을 이끌어내고 있다. 우리 속담에도 '바람'이라는 말에는 여러 비유와 의미가 담겨 있다. 더구나 봄바람은 더하다 여기서 화자가 말하는 '봄바람'은 중의적 표현이다. '봄에 부는 바람'과 '사람의 들뜬 마음이나 행동'을 비유적으로 나타내는 두 가지 의미가 내포된 말이기 때문이다. 종장 말미에 '잔뜩 든다.'라는 표현으로 보아 후자에 가깝다고 볼 수 있다.

이상 몇 편의 작품을 감상해 보았다. 요즘 지상에 발표되는 많은 작품이 형해화形骸化되고 있지만 장성덕 시인은 이를 거부하고 외적인 형식은 물론 문장의 구성 등 내적 짜임새에 더하여 비유, 이미지, 메시지 등을 충분히 발휘하여 독자에게 사유의 세계를 넉넉히 제공해주는 언어의 술사임이 틀림없다.

어른들 말씀이 '고향은 사람을 낳고 그 사람은 고향을 빛낸다.'라고 했다. 장 시인 역시 예천이 낳은 인물이고 시인은 고향 예천을 빛낼 것이다

앞으로 더욱 연구하고 연마하여 우리 시조의 미학을 일으키는 데 일익을 담당해 줄 것을 믿어 의심치 않으며 졸필을 놓는다.

1부 알바트로스의 꿈

난 蘭

창가에 홀로 피어
그윽한 향 머금고서

꼿꼿한 곧은줄기
선비 기품 닮았는가

늘 푸른
청초한 매력에
내 마음을 뺏긴다.

곶감

비바람 모진 세월
꿋꿋하게 견뎌 내고

까치밥 신세 될라
홍시 되어 떨어질라

제 살갗
깎인 눈물을
가을볕에 말린다.

배롱나무

초년의 선비인가 수줍은 네 모습은
겉과 속 똑같아서 변할 일이 없겠구나
붉은 꽃
정열의 화신
너를 닮고 싶구나.

자생난 自生蘭

척박한 자갈밭에 오순도순 뿌리 내려
한여름 무더위와 추운 겨울 다 견디고
이른 봄 예쁜 꽃망울 무더기로 피우네.

투박한 남정네와 질박한 여인네가
비바람 눈보라를 오랜 세월 이겨내고
그윽한 사랑 이야기 속삭이며 살자 하네.

두 주먹 불끈 쥐고 솟아나는 용암처럼
선비의 곧은 지조 군자의 넓은 도량
반만년 끈기로 버틴 겨레의 기상일세.

모소 대나무

지루한 기다림 속
차근차근 내공 쌓아

어느 날 보란 듯이
대나무숲 일궈내고

빵 터져
솟아오른 활화산
너를 닮고 싶구나.

세한도

신선이 붓을 들고
하늘에서 내려온 듯

차디찬 눈밭 위에
우뚝 선 송백지절松柏之節

사제간
훈훈한 정에
설한풍도 멈췄어라.

우면산 소나무

때아닌 가을바람 매섭게 불어 댄다
연약한 잎사귀들 맥 못 추며 떨어지고
소나무
홀로 눈비 맞으며
우면산을 지킨다.

저자도楮子島를 찾아서

저자도를 아시나요 시인 묵객 노닐던 곳
그곳에는 멋도 있고 풍류가 넘쳤지요
이제는 흔적조차 없어 찾을 길이 없어라.

한강의 기적 속에 강남벌이 개발되고
문명의 뒤안길로 사라져간 모래섬이
한 줄기 그리움 되어 무지개로 솟는다.

봉은사 공양 뱃길 잠실 나루 멈춰 섰고
닥나무 섬 밀어내고 죽순처럼 솟은 빌딩
휘황한 가로등 불빛만 밤하늘을 수놓는다.

명태

대관령 언덕에서 수도 없이 얼다 녹고
추위와 눈 속에서 바닷바람 친구 삼아
황태로 다시 태어나 귀한 대접 받는다.

시인의 술안주로 때로는 시가 되어
시공을 넘나드는 팔방미인 되었다가
어느 날 제상祭床에 올라 그 한 몸을 바친다.

알바트로스의 꿈

새는 늘 꿈을 꾼다 하늘 높이 나는 꿈을
걷기도 힘들 만큼 크고도 둔한 날개
지금은 짐스러워도 언젠가는 요긴하리.

남들은 바보 새라 무시하고 놀리지만
묵묵히 인내하며 자기 길을 지켜가며
염원을 높이 매달고 수많은 날 불태우리.

비바람 몰아치고 뇌성雷聲 심히 우는 날에
폭풍우 한가운데로 날개 펴고 몸을 던져
창공을 박차고 오르리, 구만리를 날아가리.

칭기즈칸

광활한 초원에서 바람처럼 태어나서
아홉에 아비 잃고 동족에겐 버림받고
이름도 쓸 줄 모르는 야생마 같은 사람아.

살겠다는 일념으로 원망도 내던지고
풀뿌리 캐어 먹고 밤하늘의 별을 세며
말 등에 큰 꿈을 싣고 대초원을 달린다.

의리와 포용으로 부족들을 다독이니
천하의 영웅호걸 구름처럼 모여들고
위대한 제국의 아침 찬란하게 열린다.

동방의 작은 들불 온 벌판을 다 태우고
한줄기 강풍 되어 세상을 뒤흔든다
이 땅엔 불세출 영웅 언제쯤 오시려나.

돌민정음*
　　-시조의 세계화 즈음에

말씀이 다르다고 히말라야 못 오르랴
*케이팝 온 무대를 배달어로 꾸며놓고
아이돌 흔들고 있다 지구촌이 뜨겁다.

정음에 눈뜬 이들 저마다의 꿈을 싣고
서울행 청춘열차 손 흔들며 달려와서
한바탕 축제를 연다 무지개를 그린다.

파란 눈 젊은 친구 기와집에 매료되고
까아만 곱슬머리 김치찌개 좋다는데
겨레 시詩 '청산리 벽계수'는 어느 임이 찾을까?

*아이돌+ 훈민정음
*K-POP
*대은시조문학상 작품상 수상작

거문도

열강들 거친 파도
삼 도를 에워싸도

필담筆談으로 싸워 이긴
조선인의 자존심을

이제는
우리가 살려
천년만년 지키리.

아! 지리산

안개 속 출렁이는 크고 작은 봉우리들
수억 년 깎고 자른 신들의 작품인가
장엄한 너그러움에 내 마음을 뺏긴다.

운무가 사라지고 다가온 달래강엔
오누이 슬픈 사연 물결 따라 흐르는데
아쉬움 전설이 되어 하늘가를 맴돈다.

반세기 아린 사연 가슴속에 묻어둔 채
바래봉 철쭉꽃은 소풍객을 유혹하고
이념은 나비가 되어 푸른 하늘 떠돈다.

울진 금강송金剛松

태백산 낙동정맥 깊숙한 품 자리 잡고
솔 향기 뿜으면서 굽힐 줄도 모르면서
금강송 군락 이루며 십이령을 지킨다.

바람도 숨을 죽인 태고의 정적 속에
처절한 생존 투쟁 산비탈도 마다 않고
육백 년 대왕 소나무 그 위용을 뽐낸다.

거북 등 닮은 몸통 풍상 겪은 훈장인가
오늘도 침묵으로 아픈 역사 되새기며
오백 년 할아버지 송松 용틀임을 하고 있네.

인내로 채운 속살 천년도 모자라서
긴 세월 옹이 상처 온몸 속에 다져 넣고
황장목 대들보 되어 한 천년을 다시 산다.

겨울 덕유산

서리와
칼바람이
밤새 빚은 은빛 세상

눈에 안긴
향적봉에
상고대를 내걸었네

서리꽃
머리에 이고
덕유산이 춤춘다.

내기바둑

욕심을 잔뜩 갖고
이기려고 하다 보면

아뿔싸 나의 허점
미리 대비 못 하고서

상대방
기습공격에
꼼짝없이 당하네.

황산黃山에서

가는 길 열두 구비 펼쳐지는 대나무 숲
무릉도원 옌가 싶어 적선謫仙*을 찾았더니
이백李白은 간 곳이 없고 영객송迎客松*만 서 있네.

이십 년 쌓아 올린 잔도棧道의 돌계단은
선공仙工이 내려와서 재주 부린 솜씨인가
운해雲海가 시샘을 하며 가는 발길 잡는다.

신선神仙이 살고 있나 선녀가 살다 갔나
위로는 기암괴석 아래로는 천길 벼랑
연화봉 홀로 우뚝 서서 반야경을 읊는다.

*선계에서 죄를 짓고 인간계로 쫓겨온 신선으로 '이백'을 지칭함.
*중국 황산에 있는 천 년된 소나무.

하와이 연정

태고의 음향들이 몇 억 년을 참았는가
해저에서 솟아오른 수많은 화산체들
아직도 못다 푼 한이 용암 되어 흐른다.

돌고래 바다거북 마음대로 뛰어놀고
와이키키 해변에는 사랑하는 사람들이
일년내 따뜻한 섬나라 지상낙원 여긴가.

사랑은 화합으로 환대는 존중으로
다양한 인종 문화 평화롭게 공존하는
알로하, 하와이언 혼이 내 마음을 흔든다.

솔베이지의 연가

들꽃 핀 산골 마을 우린 서로 사랑하고
꽃반지 끼워주며 변치 말자 하였건만
지금은
멀리 떠나고
돌아올 줄 모르네.

이제나 돌아올까 세월만 흘러가고
회색빛 기다림이 몇몇 해를 지났던가
님이여
어서 돌아오소서
나의 사랑 그대여.

미스 · 미스터 트롯

호프집 생맥 한 잔 마음 편히 못 마시고
진종일 입 막히고 발도 묶여 사는 요즘
트로트* 화려한 무대 우리 눈 귀 잡는다.

끼 많은 청춘남녀 각지에서 모여들어
흥겨운 우리 가락 멋진 춤과 아우르면
삼천만 맺힌 응어리 눈 녹듯이 녹는다.

가랑잎 굴러가듯 폭포수가 떨어지듯
천상의 고운 소리 이 강산은 설레이고
발랄한 트롯 스타들 신바람을 날린다.

*trot

국민가수

얼마나 애썼던가,
거리에서 꿈속에서

아버지 만류에도
못 버린 거위의 꿈

기어이
해내고 말았다
가수왕이 되었다.

제2부 회룡포에 피는 꽃빛

초간정草澗亭에서

물소리도
쉬어가는
계자난간鷄子欄干 아래에는

선경仙境에
놀란 구름
깊은 소沼에 빠져 있고

가신 임
헛기침 소리
대청마루 울린다.

예천 용문사龍門寺

신라의 천년고찰 두운 선사 창건하고
온 누리 일체중생 대비주大悲呪를 독송하여
중생들 세상 근심에서 벗어나게 하시네.

일주문一柱門 들어서면 내 마음은 경건하나
참회로 가는 길은 아득하고 험난한 데
윤장대 독경讀經 공덕을 쌓아보면 어떨까.

태조 왕건 머무른 곳 호국불교 도량일세
대장전大藏殿 삼존불상 후불벽의 목각탱화
사계절 아름다운 곳 정신문화 뿌리일세.

회룡포

얕은 물에 놀던 고기 강으로 먼바다로
파도에 휩쓸리며 폭풍우를 만나기도
낯설고 물도 설어서 살아남기 힘드네.

욕심은 끝이 없고 내 설 자리 뵈지 않아
앞만 보고 뛰었으나 돌아보니 제자리라
한구석 허전한 마음 채울 길이 없어라.

내성천 휘돌아서 태극을 그려내고
아늑한 문전옥답 강가엔 은어 떼가
추억이 기다리는 곳 회룡포가 그립다.

석송령

소백산 맑은 정기 온몸에 두르고서
부용봉 흘러내린 감로수를 먹고 살며
이 마을 수호신 되어 육백 년을 지킨다.

홍수에 떠내려온 여린 가지 소나무가
지나던 귀인 만나 부귀 장수 하는구나
봉황이 내려앉은 듯 그 모습이 장하다.

연화사蓮花寺에서

비 내리는
연화사엔
안개구름 드나들고

스님의
목탁 소리
바람결에 흩어지고

은은한
저녁 종소리
아랫마을 적신다.

고향 마을

능금이 붉게 물든 부용봉 산자락에
어릴 때 함께 놀던 친구들은 어디 가고
커다란
느티나무 홀로
타는 노을 즐긴다.

골짜기 흘러내리던 그 물소리 그리웁고
가재 잡던 고사리손 눈가에 아련한데
그리운
소꿉친구들
언제 다시 만날까.

샘밭

참으로 달고 다네
바위틈에서 솟는 물맛

봉황鳳凰은 예천醴泉 아니면
마시지도 않는다네

임금님
찾아오신 곳
온천수가 솟는다.

폐허가 된 교정

커다란 느티나무
정들었던 교정에는

만국기 하늘 덮고
운동회도 열렸는데

지금은
웃자란 잡초가
장승처럼 서 있다.

고향

낙동강 맑은 물이 회룡포를 감아 돌고
용궁장터 순댓국은 길손 입맛 사로잡네
언제나 정이 넘치는 그곳에서 살고파.

내성천 맑은 물엔 은어 떼 뛰어놀고
효자촌 산기슭엔 호랑나비 춤을 추지
지금도 달려가고파, 무릉도원 내 고향.

*(사)한국시조협회 문학상 작품상 수상작

삼강 주막

낙동강 삼강나루
강바람도 쉬어가고

막사발 막걸리는
나그네 발 잡더니

지금은
사공도 떠나고
빈 주막만 외롭다.

설날

흑응산 어둠 뚫고 새 아침이 밝아온다.
지난해 힘든 일들 뒤안길에 묻어두고
기해년 황금 돼지가 오색구름 타고 온다.

집집마다 아이들은 꼬까옷을 갈아입고
손에는 복주머니 머리에는 고깔모자
어여쁜 꽃송이들이 온 집안을 밝힌다.

차례상 떡과 과일 정성스레 차려놓고
흩어졌던 식구들이 모두 함께 모여 앉아
옛 얘기 주고받으며 가정 화목 다진다.

산사山寺의 모정母情

시오리 산비탈 길 한 보살이 올라온다.
이고 진 삶의 무게 부처님께 내려놓고
오로지 간절한 바람만 들꽃처럼 환하시다.

겨울 산 짧은 햇살 산등성이 뒤로 숨어
어두운 밤길마저 무섭지도 않으셨나
지금도 그 모습 선해 그리움만 더하네.

옛 생각

눈 오는 겨울밤에
옹기종기 둘러앉아

시린 손 호호 불며
엿치기를 하던 일이

한 줄기
가을비 되어
내 가슴을 적시네.

회상

눈 내리는 부용봉엔 밤도 제법 깊었는데
아련히 들려오는 어머님의 부르는 소리
지금도 귓전에 울려 눈시울을 적신다.

제법 먼 산골길을 머리에다 이고 지고
모성애 아니시면 어찌 감히 하셨을까
그 은혜 잊지 못해서 불효자는 웁니다.

종소리

해 저문 연화사에
저녁노을 뉘엿뉘엿

은은한 종소리가
아랫마을 달려가서

세속에
찌든 중생들
아픈 가슴 달랜다.

병산서원

낙강에 놀던 고기
강물 따라 흘러가고

만대루에 불던 바람
세월 따라 떠나가도

앞마당
백일홍 홀로
임의 뜻을 전하네.

선성* 수상水上길

한아름 산을 안고
떠도는 구름 품고

말 없는 저 강물은
아는 듯 모르는 듯

물색이
선비를 닮아
시리도록 푸르구나.

* 경북 예안의 옛 이름으로 역동서원易東書院이 있던 곳으로 안동댐을 건설하면서 수몰된 지역이다.

말 무덤[言塚] 이야기

말 폭탄 말싸움이 일상화된 우리 사회
나랏일 둘러싸고 온 나라가 시끄럽다
무심코 뱉는 한마디 비수 되어 돌아온다.

각성바지 살던 마을 물고 뜯고 싸우다가
몹쓸 말들 쓸어 모아 말 장례를 치른 후에
선비들 묵언수행으로 마을 평화 찾았네.

진흙을 뚫고 나와 여의까지 퍼진 포자
코로나 번지듯이 대유행을 일으키니
마스크 덧씌워야겠다, 언총言塚으로 달려가.

징 소리

'징-' 하고 물결처럼
퍼져가는 그 소리가

꽹과리 두드림같이
요란하지 않으면서

잔잔한
울림이 되어
내 마음을 흔든다.

아차산 둘레길

산마루 올라서면 한강 물이 춤을 추고
한 맺힌 평강공주 통곡 소리 아련한데
철없는
처녀아이들
재잘재잘 떠든다.

송파 둘레길

무성한 미루나무 길섶에 늘어섰고
갓 심은 댑싸리는 연둣빛이 감돌아
탄천 길 생태공원엔 물새들이 바쁘다.

새 단장 산책로를 가볍게 걷다 보면
노을빛 서쪽 하늘 어느새 다가와서
초가을 바쁜 하루가 어둠 속에 잠겨요.

판교 원마을 사람들

어두운 새벽길을 눈 비비고 올라가면
금토산 여기저기 소림사 훈련생들
널따란 마당바위엔 젊은 피가 솟는다.

복잡한 도시 생활 헌 신처럼 내던지고
텃밭에 정붙이며 푸성귀 나눠가며
정다운 이웃사촌들 형제처럼 지낸다.

초창기 등산모임 명산 대첩 순례하고
천주교 형제회는 신앙으로 뭉쳤지만
지금은 추억만 남긴 채 그리움만 더하네.

제3부 봄이 오는 길목

봄이 오는 길목

잔설 낀 금토산이
눈 비비고 일어나면

나무숲 사이에는
산비둘기 분주하고

잠을 깬
하얀 목련이
미소지며 반긴다.

설중매

가녀린 꽃잎으로 무슨 말 하려는가
눈 속에 움터오는 봄소식 전하려고
홍매화
여린 입술이
겨울 뚫고 솟는다.

봄 마중

개나리 아가씨가
양재천에 찾아오면

잉어들 모여들어
꼬리 치며 맴을 돌고

연둣빛
수양버들도
봄바람이 잔뜩 든다.

입춘

길 떠날 철새들이
서성이는 겨울 끝에

내리는 눈발 보면
봄은 아직 먼 듯한데

어느새
버드나무 가지
연두 적삼 입었네.

Early Spring

At the end of a lingering winter
When migratory birds begin their flights,

Looking at the falling snow,
It seems that spring is still far away.

Suddenly, I see on the branch of the willow
A bud all dressed in green jackets.

*Written by Jang Sung Duck
*Translated by Mark Arlen Peterson

봄나물

생질녀가 그제 보낸 엄나무순 한 소쿠리
함께 따라서 온 정성 어린 네 마음이
누님을 보는 듯하여 더욱 따사롭구나.

끓는 물 살짝 데쳐 된장 무쳐 먹어보면
쌉싸름한 개두릅 향 입안 가득 퍼져가고
켜켜이 쌓아온 정이 세월 속에 숨 쉰다.

불청객

저만치 봄은 와서
기다리고 서 있는데

떠날 날 기약 없는
극성스런 코로나로

오늘도
텅 빈 열차만
경부선을 달린다.

새벽에 홀로

여명이 소리 없이
창문을 두드리면

샛별이 먼저 와서
미소지며 반짝이고

잠을 깬
서툰 시상詩想이
내 영혼을 깨운다.

단비

기나긴 가뭄 끝에
자드락비 내리는 날

옷자락 다 젖는데
우산도 아니 받고

사랑비
흠뻑 맞으며
오는 임을 반기리.

유월은

꽃잎 지고 돋은 새싹
푸르름을 더해가고

봄바람 산들산들
남녘에서 불어오니

장미꽃
울타리에 모여
웃음꽃을 피우네.

장맛비

작달비 하루 종일
창문을 두드린다

그리움 빗물처럼
빈 가슴을 적셔오고

보고파
설레는 마음
코로나는 모르리.

말복

요란한 매미 소리
가을을 재촉하고

뜰 아래 귀뚜라미
세월을 다그치네

마음은
아직 여름날
이대로가 좋은데.

가을밤

임 생각 그리움 되어
포근히 젖는 밤에

풀벌레 우는 소리
잠 못 들어 뒤척이고

단풍에
물든 추억만
하얀 밤을 새운다.

초승달

초저녁 서쪽 하늘
눈썹처럼 가는 달은

시집 온 아씨인가
발그스레 웃는 모습

해님도
부끄러워서
서산 넘어 숨는다.

애기 동지

어둠의 절정에서
잡귀들은 판을 치고

무쇠솥 옹심이들
흐물흐물 뭉개져도

봄기운
동토를 뚫고
새 아침을 깨운다.

눈[雪]

겨울이 익어갈 때
소리 없이 찾아와서

앙상한 나뭇가지
솜옷으로 입혀 놓고

온 세상
숱한 가슴을
설레 놓고 떠나네.

눈 오는 날에

춤추는 무희들이
창공을 꽉 채우면

괜스레 설레는 맘
한 바구니 담아놓고

지난날
추억 속으로
하얀 마음 달린다.

채송화

처갓집 앞마당에
장모님 고운 모습

오가는 길손들이
샘물 찾아 드나들 때

환하게
미소를 짓던
그 모습을 닮았다.

저 산 너머

첩첩 산 저 너머엔
그 사람이 살려나

왈칵 하는 그리움에
달려가고 싶구나

찔레꽃
머리에 꽂고
고운 임이 맞아줄까.

아침 등산

뒷산을 올라가네
새벽안개 헤쳐가며

상쾌한 아침 바람
몰래 살짝 따라와서

이마에
흐르는 땀을
닦아주고 떠나네.

두물머리

북한강 달려온 물
남한강 벗을 만나

얼싸안고 춤을 추며
용솟음을 치건마는

한 민족
다른 두 마음
합쳐질 날 오려나.

비행기 타고

비행기 훌쩍 타고
구름 위로 올라가면

하이얀 솜털 바다
선경仙境처럼 눈부시다

내 마음
신선神仙이 되어
구름밭을 걷는 듯.

소래포구

한 줌도 안 될 듯한
소래포구 앞바다에

갈매기 가득 실은
돛단배가 일렁이면

아낙들
추억 줍느라
시장통이 왁자지껄.

제4부 새별오름

차귀도

잡힐 듯 잠긴 모습 수월봉도 넋을 잃고
붉게 핀 저녁노을 대 장관을 연출하면
길손들
발길 멈추고
황홀경에 빠진다.

부둣가 고깃배들 만선 되어 돌아오면
하루의 피로마저 잔물 지는 저녁 포구
전설을
베고 누워서
차귀도는 잠든다.

제주 해녀

'호오이' 숨비소리 이승 저승 넘나들고
물질*로 지친 어깨 하루 종일 시달려도
육지 간
자식 생각에
힘 드는 줄 모르네.

테왁 망사리에 소라 전복 가득 차면
주름진 얼굴에도 웃음꽃이 활짝 피고
하도리
제주 바다엔
노랫소리 퍼진다.

*해녀들이 바닷속에 들어가서 해산물을 따는 일.

새별오름

한걸음에 올라와서 수천을 바라보면
하늘엔 뭉게구름 발아래는 초록 물결
새악시 너울 흔들며 가는 발목 잡는다.

세상을 바꾸려나, 밤새워 천둥 운 뒤
보랏빛 꽃무리로 아침을 꾸며놓고
첫 순정 받아 달라며 발목 잡고 떼쓴다.

제주 비자림榧子林에서

화산석 바위틈에 서로 얽힌 나무뿌리
긴 세월 견디면서 오순도순 사는 모습
마침내 몸을 맞닿아 한 나무가 되었네.

그 누가 심었을까 아름드리 비자나무
좁다란 오솔길엔 연인들이 손을 잡고
울창한 원시림에서 참사랑을 배우네.

제주 올레길

낯선 길에 대한
두려움은 내려놓고

새로운 만남으로
설렘임은 가득 안고

끝없는
길손의 여정
수평선을 달린다.

성산 일출

어둠 속 솟아나는
시뻘건 불덩어리

도도한 모습 앞에
얼굴 붉힌 잿빛 구름

안개도
혼비백산해
산등성이 넘는다.

백도白島

물 위에 올망졸망
봉우리가 아흔아홉

남녘의 해금강을
여기 두고 찾았구나

누굴까
천의 얼굴을
이곳에다 그린 이는.

* 신인문학상 수상작 (2016.12.15.)

청산도 · 1

유채화 피고 지는
섬마을 골목길에

돌담이 구불구불
쓰러질 듯 넘어질 듯

옛 모습
간직하려고
안간힘을 쓰고 있다.

청산도 · 2

유채꽃 노랗게 핀 섬마을 언덕길에
동화 속 갇혀 버린 구부정한 돌담 하나
허름한 옛 모습대로 천년 세월 지킨다.

청보리 다랭이밭 구들장논 끼고 살며
팍팍한 삶에 지쳐 바둥대는 할미에게
서편제 떠돌이 소리꾼 놀며 쉬며 가잔다.

조약돌 몽돌해변 은빛 모래 해수욕장
과거의 시간 속에 멈춰선 듯 아득한데
들국화 혼자 외로이 타는 노을 즐긴다.

천왕봉 일출

여명 속
빛의 향연
산새들도 숨죽이고

능선을
넘나드는
안개구름 유희 속에

회색빛
어둠을 박차고
불새 하나 솟는다.

남녘의 봄

쌍계사 십 리 벚꽃
꽃비가 흩날리고

섬진강 물결 따라
은어떼가 돌아오면

아낙들
들뜬 마음에
해 가는 줄 모르네.

운조루雲鳥樓

천왕봉 뒤로 지고 섬진강은 앞에 안고
천하의 명당자리 우뚝 선 아흔아홉 간
구름 위 나는 새들도 돌아오는 집일세

궁핍한 이웃에게 배려하는 마음으로
굴뚝을 낮게 하고 *타인능해他人能解 실천하니
그 울림 뭇사람 가슴을 미어지게 하누나.

*누구든 뒤주의 마개를 열어 쌀을 가져가라는 뜻.

남명선생 유적지에서

천왕봉 말도 없이
저 홀로 우뚝 섰고

산천재 뒤뜰에는
매화 향기 가득한데

세심정
거닐던 그 임
지금 어디 계실까.

의기義妓 강아江娥의 묘

산새도 찾지 않는
언덕 자락 베고 누워

홍안의 하얀 미소
뜬구름에 던져 놓고

그리움
가득 안고서
돌이 되어 서 있네.

흔적

선죽교 다리 위에
붉게 물든 임의 흔적

세월이 흘러가도
화석처럼 박혀 있어

또렷이
우리네 가슴에
모닥불을 지핀다.

김광수 선생님을 추모하며

섬진강 봄소식을 바람결에 들고 와서
전해주던 매화 향기 아직도 남았는데
홀연히
눈보라 속에
겨울새로 가시다니.

오로지 한평생을 시조에 담으시며
고독한 바위 되어 천왕봉을 지키던 임
찔레꽃
향기가 되어
우리 가슴 적시네.

밤바다
-고 김세영 화백을 생각하며

어둠이 내려앉고 바람마저 고요한 밤
살며시 밀려와서 부서지는 하얀 꿈들
못다 한
사랑 얘기를
나누고자 함인가.

청운의 푸른 꿈을 화선지에 담아놓고
한 조각 구름 되어 바람처럼 사시더니
어느새
두 손 놓으시고
깊은 상념 드셨네.

손자 재혁이

말없이 행동하는 대장부 남아로다
두 동생 아껴주니 동기 우애 남다르다
세계가
너를 부른다
큰 꿈을 가져라.

성격이 유순하나 유머 감각 뛰어나서
주위의 친구들이 모두 다 좋아하고
졸업 땐
구청장 표창
우리 가족 자랑일세.

큰 손녀 미니 졸업

엊그제 입학인데 그새 벌써 졸업이네
전교 학생 부회장에 국회의원 표창까지
주민아,
세상은 너의 것
꿈과 야망을 가져라.

도마뱀 사육으로 동물 사랑 놀랍더니
유튜브 제작상 받아 또 한 번 놀랐구나
달려라
지구촌 밖으로
메타버스 세계로.

작은 손녀 워니

'이리 오너라 업고 놀자' 판소리로 웃기더니
그림도 제법인데 마티스*를 좋아하네
세상은
맘먹기 달렸다
너의 꿈을 펼쳐라.

성격이 부드러워도 한다면 하고 마는
지고는 못 참으며 공부하기 좋아하니
세계가
널 기다린다
무럭무럭 크거라.

*프랑스의 색채 화가로 뛰어난 데생 능력의 소유자.

외손녀 이수

까아만 눈동자엔 무엇이 숨어 있나
엄마 아빠 닮아서 총명하고 귀엽구나
주관이
뚜렷하니까
못 할 것이 없겠구나.

올해엔 이사하고 초등학교 들어가서
의젓한 학생 되어 마음껏 공부하렴
우린 널,
좋아한단다
빨리 와서 같이 놀자.

외손자 호준이

두 눈은 반짝반짝 이목구비 뚜렷하고
호기심 하나 가득 안보는 척 다 챙기며
가끔은
떼도 쓰지만
자기주장 확실해.

누나가 너무 좋아 따라서 하다 보니
배우고 익히는 것 스펀지를 닮았구나
떡잎이
잘 자랐으니
큰 나무가 되어라.

■ 평설

'알바트로스의 꿈'으로 살아가기
-장성덕 시인의 시조세계

이석규
(시조시인, 가천대 명예교수)

Ⅰ. 들어가기

장성덕 시인은 한평생을 헌신하던 금융계에서 은퇴한 뒤, 분야가 전혀 다른 시조창작에 전념하여 2016년에 《시조사랑》을 통하여 신인문학상을 수상한 바 있다. 같은 해 10월부터 필자와 김흥열 시인이 함께 강의하던 송파시조교실에 참여하여, 코로나가 세상을 뒤흔들기 시작하던 2020년 2월까지 시조를 창작하고 발표하며 열심히 기량을 쌓아왔다. 필자와는 이 무렵에 주로 시조에 대하여 의견을 나누는 등 자주 시간을 공유하면서 정이 많이 들었다.

2018년부터 (사)한국시조협회 사무총장직을 맡은 후에는, 협회의 직무를 보다 잘 수행하기 위하여 컴퓨터를 새로 배우기까지 하며 열정을 불태우던 모습이 아직도 눈에 생생하다. 때로는 다소 무심한 듯한 느낌을 주기도 하지만, 사실은 감정이 풍부하며 감수성이 섬세한 데다가 자유로운 영혼을 지닌 분이다. 늘 긍정적 시선으로 사물을 바라보며, 일을 맡으면 열정과 뚝심으로 밀어붙이는 형이다. 게다가 매사에 대범하고 시원시원하며, 관계를 소중히 여겨 주변 사람들에게 항상 극진함으로 정성을 다한다.

등단한 지 6년이 되어 처음 내는 시조집의 표제가 '알바트로스의 꿈'이다. 보통 노년에 들어선 사람들의 경우에 다소 과한 느낌을 줄 수도 있는 제목이다. 그러나 장성덕 시인의 시조를 읽어 보면 그의 시 정신을 아주 잘 대변하는, 어울리는 제목이라는 것을 알 수 있다. 그의 사유 세계는 고향과 사람에 대하여, 민족과 전통문화 그리고 국가에 대하여 무한한 사랑과 열정으로 가득하다. 게다가 자유를 표방하는 낭만주의적 사고와 함께 꿈과 웅지雄志를 소중히 여기며 끝없이 추구한다. 굳건한 인내로 끊임없이 발전하고자 하는 창의적 세계관이 그의 작품세계의 근간을 이루고 있다.

II. 장성덕의 시조세계

1) 고향

아날로그 시대의 대부분 시골 출신들이 그렇듯이 장 시인 역시 고향을 사랑하고 그리워한다. 인정과 사랑 속에서 인생의 바탕을 차곡차곡 쌓아가던 시절의 소중한 기억들이 그대로 남아 있는 곳이기 때문이다. 실제로 그의 시조 중에는 고향 사람들, 고향의 산천을 사랑하는 진정이 어린 많은 시조를 볼 수 있다. 그중에서 먼저 몇 편을 살피기로 한다.

길 떠날 철새들이
서성이는 겨울 끝에

내리는 눈발 보면
봄은 아직 먼 듯한데

어느새
버드나무 가지
연두 적삼 입었네.

「입춘」 전문

꽃샘추위가 아무리 맹위를 떨쳐도, 봄이 오는 것을 막을 수는 없다. 눈발이 희미하게 흩날리는 이른 봄날 은은한 안개처럼 연둣빛으로 물들어가는 실버들 가지는 생각만으로도 마음이 설레기에 충분하다. 그것은 어린 날에 대한 청순한 그리움의 바탕색일 터이다. 아직도 쌀쌀함이 피부를 스치는데, 종장 마지막 구의 "연두 적삼 입었네"라는 탄성이 참으로 신선하다.

낙동강 맑은 물이 회룡포를 감아 돌고
용궁장터 순댓국은 길손 입맛 사로잡네
언제나 정이 넘치는 그곳에서 살고파.

내성천 맑은 물엔 은어 떼 뛰어놀고

효자촌 산기슭엔 호랑나비 춤을 추지
지금도 달려가고파, 무릉도원 내 고향.

「고향」 전문

장성덕 시인은 경북 예천 출신이다. 그 고장을 안고 흐르는 회룡포로부터 시작하여 내성천 맑은 물, 효자촌 산기슭…등 어린 시절의 추억을 가득 담고 있는 정다운 곳, 어느 곳을 그려봐도 선명한 그림이 되어 떠오른다. 모든 현실과 현상을 다 버리고 그곳에 가서 그때의 그 자연 속에서 다정하고 격의 없던 벗들, 이웃들과 다시 어우러져 살고 싶다. 화자의 고향을 사랑하는 간절한 마음이 잘 드러나 있다.

처갓집 앞마당에
장모님 고운 모습

오가는 길손들이
샘물 찾아 드나들 때

환하게
미소를 짓던
그 모습을 닮았다.

「채송화」 전문

처갓집 안마당에 피어 있는 채송화를 장모님으로 비유하고 있다. 간결한 시어로 작고 어여쁜 채송화와 상냥하고 고우신 장모님을 동시에 잘 살려내고 있다. 꽃과 사람의 심미적 정채精彩가 선명하게 드러난다. 시어들이 어여쁘게 정렬되어 조화를 이룬 가작佳作이다.

> 얕은 물에 놀던 고기 강으로 먼바다로
> 파도에 휩쓸리며 폭풍우를 만나기도
> 낯설고 물도 설어서 살아남기 힘드네.
>
> 욕심은 끝이 없고 내 설 자리 뵈지 않아
> 앞만 보고 뛰었으나 돌아보니 제자리라
> 한구석 허전한 마음 채울 길이 없어라.
>
> 내성천 휘돌아서 태극을 그려내고
> 아늑한 문전옥답 강가엔 은어 떼가
> 추억이 기다리는 곳 회룡포가 그립다.
> 「회룡포」 전문

강물이 휘돌아 흐르는 곳, 어렸을 때 벗들과 함께 자주 찾던 고향의 명소다.

'우물 안의 개구리'가 처음으로 고향을 떠나 낯선 '우물 밖'에서 부대끼며 사는 일 자체가 쉽지 않았을 것이다. 적응하고 극복해 나가는 과정에서 회한과 한계도 느꼈으리라. 어려운 여건 속에서 화자는 그렇게 한 발짝 한 발짝 스스로의 인생을 소중히 가꾸며 귀한 성취도 이루어 냈을 것이다. 그럼에도 고달픈 삶의 틈새마다 불쑥불쑥 얼굴을 내미는 고향마을의 문전옥답, 그 앞을 감아 흐르는 회룡포의 은어 떼, 함께 놀던 정든 벗들…; 모든 것이 그립고 아름답기만 한 고향마을의 옛이야기 속을 화자는 자신도 모르는 사이에 노닐고 있다.

아름답고 정답고 편안하고…, 그래서 누구에게나 항상 그립고 도저히 잊을 수 없는 곳, 그곳이 고향이다.

2) 소중한 것들의 뒷모습

고향을 떠난 것은 그냥 물리적 공간을 떠난 것이 아니었다. 그것은 세월을, 아니 급변하는 사회와 최첨단 문명에로의 급물살을 타는 일이었다. 그렇게 젊은 날을 불사르고 장년, 중년을 거치며, 스스로 자신만의 인생의 벽돌을 쌓아야 했다. 바쁘고 힘든 가운데 성숙과 완숙을 지향하였지만, 인생의 본질이 그렇듯이 노상 미완인 채 퇴직을 하게 된다. 그것은 전혀 다른 세계로의 전환이며, 놀라운 경험이다. 당연히 새로운 질서와 의미를 창출해야 할 계제에 이르렀다. 이렇게 인생을 뒤적이는 동안 퇴색하거나 사라져가는 삶의 흔적들에 대한 애착도 새삼스럽기만 하다.

> 커다란 느티나무
> 정들었던 교정에는
>
> 만국기 하늘 덮고
> 운동회도 열렸는데
>
> 지금은
> 웃자란 잡초가
> 장승처럼 서 있다.
>
> 「폐허가 된 교정」 전문

지금 보면 작고 초라한 채 버려져 있지만, 고향의 초등학교, 화자 자신이 다니던 '국민학교'는 마음속에 언제나 벗들과 함께 그림처럼 애틋하게 남아 있다.

사람을 압도하는 빌딩 숲에서 문명의 이기를 누리며 편하게 살면서도, 만국기가 펄럭이는 운동장을 내달리던 기억 속의 그 초등학교에는, 가난해도 행복했으며, 순박하고 천진하던 얼굴들이 지금도 활짝 웃으며 뛰어놀고 있다.

그런데 현실 속의 학교는 '웃자란 잡초' 속에 허물어져 가고 있다. 그리움과 아쉬움으로 가슴에 아릿한 통증을 느끼는 화자의 마음이 바로 우리의 마음이기에 저절로 공감이 간다.

> 저자도를 아시나요 시인 묵객 노닐던 곳
> 그곳에는 멋도 있고 풍류가 넘쳤지요
> 이제는 흔적조차 없어 찾을 길이 없어라.
>
> 한강의 기적 속에 강남 벌이 개발되고
> 문명의 뒤안길로 사라져간 모래섬이
> 한 줄기 그리움 되어 무지개로 솟는다.
>
> 봉은사 공양 뱃길 잠실 나루 멈춰 섰고
> 닥나무 섬 밀어내고 죽순처럼 솟은 빌딩
> 휘황한 가로등 불빛만 밤하늘을 수놓는다.
> 　　　　　　　　　　「저자도를 찾아서」 전문

저자도楮子島는, 서울 하면 당연히 강북만 떠올리던 시절,

옥수동과 금호동 남쪽 한강 한가운데 있던 섬의 이름이다. 닥나무가 많이 난다고 하여 닥나무 섬이라고도 불리던 이 섬은 시인 묵객들이 풍류와 낭만을 즐기던 곳이었다. 그러나 1970년대에 이르러 이 섬의 모래를 파다가 압구정동을 비롯하여 강남지역 개발에 사용하는 바람에 섬 자체가 흔적도 없이 사라져 버리고 말았다. 그 대신 강남의 빌딩 숲만 휘황찬란하다. 예로부터 퇴계선생을 비롯한 많은 명사, 시인 묵객들의 자취가 남아 있던 저자도는 이제는 흔적 없이 사라졌지만, 화자의 가슴에는 아직도 정답고 소중한 사연처럼 정갈한 모래섬 저자도가 그대로 살아 있다.

> 낙동강 삼강나루
> 강바람도 쉬어가고
>
> 막사발 막걸리는
> 나그네 발 잡더니
>
> 지금은
> 사공도 떠나고
> 빈 주막만 외롭다.
>
> 「삼강 주막」

주막은 산업의 발달로 인하여 이래저래 사라져 버릴 수밖에 없는 과거의 유물일 뿐이다. 이 시조에 쓰인 나그네, 낙동강 삼강나루, 막사발 막걸리, 사공 등 지금은 거의 자취를 감춰버린 낱말들이 정다운 향기를 뿜으며 다가선다.

더구나 나그네들의 많은 사연과 구수한 이야기가 만들어 지고 깃들던 주막, 그것도 빈 주막이 주는 감회가 그립고도 쓸쓸하다.

이상의 몇 작품들은 디지털 문명 이전의 소중하던 사람과 생활과 인정 어린 유물이나 유산 또는 허물어져 가는 실체들, 다시 말하면 사라져가는 소중한 우리 것들의 뒷모습을 그리고 있다. 그 속에 아날로그를 살던 사람들의 가슴에는 은은한 아픔과 애착이 있다. 장성덕 시인은 그것들에 대한 추억과 의미를 가슴속에 소중히 가꾸어가고 있다. 포스트모더니즘 이후 인간의 삶 속에 한국적 질료를 심어 넣는 귀한 역사役事를 하고 있음이다.

3) 손주 사랑

장성덕 시인의 마음을 가장 자랑스럽고 기쁘게 하는 사람들은 다섯 명의 손주들이다. 그중에는 손자도 있고 손녀도 있으며, 친손주도 있고 외손주도 있다. 사실 오늘날처럼 자식을 낳지 않거나 낳더라도 하나만 낳고 마는 시대에, 장 시인은 손주가 다섯이나 되니 참으로 다복하다고 아니할 수가 없다. 사회적으로 심각한 어려움을 참작해도 우리 민족의 생사존망을 염려해야 할 만큼 후손들이 줄어들고 있는 시대에, 마땅히 우리 모두가 함께 축복하고 진심으로 기뻐해야 할 일이다.

장 시인은 손주들 개인마다 각각의 성격과 기질과 장점

을 드러내고 의욕과 용기를 돋우어주는 시조로 지어 그들을 축복하고 있다. 같은 시인으로서 부럽기도 하고, 필자 역시 자녀들에 대하여 시조를 써야겠다는 생각을 하게 되었다.

손주들에 대한 시조 다섯 편 가운데 맨 앞에 있는 맏이와 끝에 있는 막내의 시조만을 살피고자 한다,

>말없이 행동하는 대장부 남아로다
>두 동생 아껴주니 동기 우애 남다르다
>세계가
>너를 부른다
>큰 꿈을 가져라.
>
>성격이 유순하나 유머 감각 뛰어나서
>주위의 친구들이 모두 다 좋아하고
>졸업 땐
>구청장 표창
>우리 가족 자랑일세.
>
>「손자 재혁이」 전문

큰손주의 맏이다운 훌륭한 성품과 기질을 칭찬하고, 재능과 장점 그리고 그 능력을 구체적으로 열거하며 궁극적으로는 인생에 대한 포부와 용기를 돋워준다. 할아버지의 사려 깊은 손주사랑이 참으로 따뜻하다.

>두 눈은 반짝반짝 이목구비 뚜렷하고

호기심 하나 가득 안보는 척 다 챙기며
가끔은
떼도 쓰지만
자기주장 확실해.

누나가 너무 좋아 따라서 하다 보니
배우고 익히는 것 스펀지를 닮았구나
떡잎이
잘 자랐으니
큰 나무가 되어라.
「외손자 호준이」 전문

막내는 역시 막내답다. 떼도 쓰고 장난도 심한 막내다운 기질과 그러면서도 장점과 개성이 확실히 드러나 있다. 손주들 사이의 관계, 배우려는 열의 등 건강하고 기대가 되는 할아버지의 손주사랑을 잘 그려내고 있다.

다섯이나 되는 손주들 한 사람 한 사람을 저마다의 특성과 장점을 정확하게 짚어내며 칭찬과 잘 자라기를 바라는 염원을 시조로 담고 있다. 넉넉하면서도 내면으로 흐르는 다사로운 인품, 특히 손주들에 대한 주체할 수 없는 사랑의 표현이 참으로 시인 할아버지답다.

4) 아름다운 약자, 멋진 강자

'호오이' 숨비소리 이승 저승 넘나들고
물질로 지친 어깨 하루 종일 시달려도

육지 간
　　자식 생각에
　　힘 드는 줄 모르네.

　　태왁 망사리에 소라 전복 가득 차면
　　주름진 얼굴에도 웃음꽃이 활짝 피고
　　하도리
　　제주 바다엔
　　노랫소리 퍼진다.
　　　　　　　　　　　　　　　　　　「제주 해녀」 전문

　노년에 접어들어 힘이 달리는데, 고달픈 형편에서 최선을 다해 물질하는 제주 해녀의 모습을 그리고 있다. 육지로 간 자식을 생각하며 물질하는 일의 조그만 성취에도 활짝 웃는다. 주름진 얼굴에 배어 있는 헌신적, 희생적 자식사랑으로 힘에 부치는 고된 노동 속에서도 조그만 그늘 하나 찾아 볼 수 없다. 오히려 성실하고 긍정적인 삶의 보람을 노래하고 있다. 제주도의 오름처럼 건강하고 아름답다.

　　천왕봉 뒤로 지고 섬진강은 앞에 안고
　　천하의 명당자리 우뚝 선 아흔아홉 간
　　구름 위 나는 새들도 돌아오는 집일세.

　　궁핍한 이웃에게 배려하는 마음으로
　　굴뚝을 낮게 하고 타인능해他人能解 실천하니
　　그 울림 뭇 사람 가슴 미어지게 하누나.
　　　　　　　　　　　　　　　　　　「운조루」 전문

운조루는 배고픈 사람은 누구나 쌀을 퍼가도 좋다는 타인능해他人能解의 노블레스 오블리주를 실천한 옛날 전남 구례 만석군 부잣집이다.

우리 겨레의 진정한 부자들은 구두쇠도 아니요 수전노도 아니었다. 바로 운조루의 주인이 그러하다. 교만을 떨지도 않고 생색을 내지도 않는다. 누가 가져가도 상관없다. 주린 사람 꼭 필요한 사람이 먹을 만큼 마음 놓고 가져가라고 쌀뒤주를 외부에 만들어 놓았다. 다른 나라에서 보기 힘든 우리네 옛 부자들의 이야기가 여기 장성덕 시인의 작품을 통해서 더욱 넉넉하게 가슴을 울려온다.

5) 말 (言)

말 폭탄 말싸움이 일상화된 우리 사회
나랏일 둘러싸고 온 나라가 시끄럽다
무심히 뱉는 한마디 비수 되어 돌아온다.

각성바지 살던 마을 물고 뜯고 싸우다가
몹쓸 말들 쓸어 모아 말 장례를 치른 후에
선비들 묵언수행으로 마을 평화 찾았네.

진흙을 뚫고 나와 여의까지 퍼진 포자
코로나 번지듯이 대유행을 일으키니
마스크 덧씌워야겠다 언총言塚으로 달려가.
「말 무덤言塚 이야기」 전문

말에 관한 글들은 명심보감을 비롯한 여러 종류의 경전이나 수신서에 수없이 나와 있다.

시조 「말 무덤 이야기」는 말로 인하여 개인은 물론 나라의 운명과 성패가 결정되며 삶의 질이 좌우된다는 것을 강력히 주장하고 경고하는 의미를 담고 있다. 특히 화자는 정치, 언론을 비롯한 많은 분야에서 말로 야기되는 수많은 문제에 대하여 풍자와 비판을 서슴지 않는다. 코로나로 필수품이 된 지긋지긋한 '마스크를 덧씌워야겠다'라는 것은 자중해야 한다는 강력한 촉구이다.

잠언에 보면 '경우에 합당한 말은 아로새긴 은쟁반에 금사과'라고 하였다. 사람이 경우에 적절한 말을 타이밍을 맞추어 오직 선의로 정직하게만 말한다면 세상은 얼마나 아름답고 행복한 곳이 될까! 장 시인의 말조심에 대한 진정을 잘 표현한 시조다.

6) 내 나라 내 민족

열강들 거친 파도
삼 도를 에워싸도

필담筆談으로 싸워 이긴
조선인의 자존심을

이제는
우리가 살려

천년만년 지키리.
「거문도」 전문

19세기 말 세계열강들이 우리 조선, 특히 남해에 대한 이권과 주도권을 차지하기 위해 각축하던 때, 우리 조정은 이에 대처할 아무 힘도 없었다.

시인은 나라가 약하던 때에, 열강으로부터 우리국토 거문도를 지켜내기 위하여 비할 수 없는 용기와 지혜로 위기를 극복했던 선열들의 지성을 다한 애국충정에 감동과 존숭尊崇의 염으로 옷깃을 여민다. 아름다운 우리 국토의 대한 사랑과 사명을 토로한 역작이다.

말씀이 다르다고 히말라야 못 오르랴
케이팝 온 무대를 배달어로 꾸며놓고
아이돌 흔들고 있다 지구촌이 뜨겁다.

정음에 눈뜬 이들 서울행 청춘열차
세계가 달려와서 손 흔들며 열광한다
한바탕 축제를 연다 무지개를 그린다.

파란 눈 젊은 친구 기와집에 매료되고
까아만 곱슬머리 김치찌개 좋아하네
겨레 시詩 '청산리 벽계수'는 어느 임이 찾을까?
「돌민정음」 전문

이 시조의 제목인 "돌민정음"은 각주에서 풀이하고 있

듯이 "아이돌+훈민정음"의 신조어다. 방탄소년단으로 대표되는 우리의 아이돌그룹이 K-pop이란 이름으로 처음에는 미국 팝계를 주름잡더니, 지금은 전 세계를 휩쓸고 있다. 비단 팝 분야뿐이 아니라 예체능계의 다양한 분야에서 대한민국의 아들딸들이 세계를 휩쓸고 있다. 김연아에서 손흥민까지 우리의 자랑스러운 아들딸들의 이야기는 일일이 나열할 수 없을 정도다. 이뿐이 아니다. 아리랑, 비빔밥, 김치, K-드라마, 한국군악대 등 각종 문화콘텐츠와 나아가 반도체, 선박, 자동차를 포함한 학문, 과학기술, 경제 등 여러 분야에서도 눈부신 발전을 거듭하여 이제는 세계가 알아주는 수준을 넘고 있다.

그중에 우리 민족의 문자인 훈민정음 곧 한글은 1446년에 반포되었으며, 1985년경부터 타임지에 그 우수성이 소개되고 여러 나라의 학자들에 의하여 세계 최고의 문자로 인정받기 시작하더니 2000년대 이후, 특히 최근에 이르러서는 우리의 국력 신장과 함께 단연 세계 최고의 문자로 평가받고 있다. 이에 대하여 이의를 제기할 사람은 아무도 없다. 심지어 몇몇 나라에서는 한글을, 자기네 언어를 표현하는 공식문자로 사용하겠다는 발표를 하는가 하면, 한국어를 자기 나라의 공용어로 사용하겠다는 소식까지 들려온다. 불과 수십 년 전만 해도 꿈도 꿀 수 없던 일들이 현실 속에 이루어지고 있는 것이다.

이 작품 「돌민정음」은 제목부터 우리의 정통성과 함께

대한민국의 놀라운 발전을 이루어가는 현실을 담고 있다. 표현된 언어만 봐도 이러한 엄청난 사실에 대한 자부심이 어떠한지 바로 알 수 있다. 이러한 자랑을, 그 기쁨을 그가 사랑하는 시조로서 표현하지 않고는 견딜 수가 없었던 것 같다.

또한 "-시조의 세계화 즈음에"라는 부제에서 볼 수 있듯이, 우리 문학의 꽃인 '시조' 역시 자랑스러운 정형시로서 세계를 향하여 거듭나고 있는 바, 앞으로 더욱 널리 알려지고 인정받아, 세계에서도 대표적 정형시라는 것을 인정하는 날이 오기를 바라는 간절한 소망을 감추지 못하고 있다.

이 작품은 한마디로 우리 민족의 정통성 있는 문화자산에 대하여, 한글이나 K-pop은 물론 그가 쓰는 우리의 시조에 대하여 말할 수 없는 긍지와 사랑을 노래하고 있다. 장 시인의 극진한 우리 문화사랑, 시조사랑에 박수로서 깊은 공감을 표하고자 한다.

> 광활한 초원에서 바람처럼 태어나서
> 아홉에 아비 잃고 동족에겐 버림받고
> 이름도 쓸 줄 모르는 야생마 같은 사람아.
>
> 살겠다는 일념으로 원망도 내던지고
> 풀뿌리 캐어 먹고 밤하늘의 별을 세며
> 말 등에 큰 꿈을 싣고 대초원을 달린다.
>
> 의리와 포용으로 부족들을 다독이니
> 천하의 영웅호걸 구름처럼 모여들고

위대한 제국의 아침 찬란하게 열린다.

동방의 작은 들불 온 벌판을 다 태우고
한줄기 강풍 되어 세상을 뒤흔든다
이 땅엔 불세출 영웅 언제쯤 오시려나.
「칭기즈칸」 4수 중 2, 3, 4수

칭기즈칸의 일생을 담은 작품이다. 사면초가의 어려운 여건 속에서 모든 고난과 고통을 극복하고, 오히려 이웃을 보듬고 나아가 천하를 거느린 만고의 영웅을 찬양한다. 여기서 강조되는 것은 어려운 환경, 끝없는 노력과 자기 단련, 시련의 극복 과정, 그리고 이웃은 물론 주변과 적들까지 품는 너그러움 등이다. 한마디로 웅지雄志를 이루어낸 큰 인물에 대한 예찬이다. 그러나 화자는 마지막 넷째 수에서는 이 나라, 이 민족, 대한민국을 생각한다. 결론적으로 그러한 영웅이 이 나라에 나타나기를 바라는 열망이 진하게 담겨 있다.

이상 몇 편의 시조들은 우리 국민과 역사와 문화는 물론이요 이 나라 자체를 사랑하는 애국충정으로, 마음 깊숙한 근원으로부터의 뜨거운 공감을 이끌어내고 있다.

7) 꿈꾸는 사람

> 거북 등 닮은 몸통 풍상 겪은 훈장인가
> 오늘도 침묵으로 아픈 역사 되새기며
> 오백 년 할아버지 송松 용틀임을 하고 있네.
>
> 인내로 채운 속살 천년도 모자라서
> 긴 세월 옹이 상처 온몸 속에 다져 넣고
> 황장목 대들보 되어 한 천년을 다시 산다.
> 「울진 금강송金剛松」 4수 중 셋째, 넷째 수

 이 시조는 울진 십이령 열두 고개에 군락을 이루고 있는 육백 년 금강송의 위용을 찬양하고 있다. 태백산 낙동정맥을 타고 달리다가 만나게 되는 울창한 숲 자체의 장관도 놀랍거니와, 천년 세월 동안 몰아치는 세파를 견디며 단련된 옹이 상처를 온몸에 다져 넣고 서 있는, 수많은 거목 황장목들에 대한 감동을 잘 표현하고 있다. 속으로, 속으로 쉼 없이 연단해온 견고함으로, 이 나라의 동량이 되어 천년을 빛낼 것이란다. 구리를 갈아서 거울을 만들 듯이, 모진 모래를 여린 속살의 진액으로 감싸고 또 감싸서 진주를 만들 듯이, 인고의 세월 속에서 연단과 천착의 정성을 다해 이루어낸 보람, 황장목의 그 아름다움을 웅장하게 또는 비장하게 노래하고 찬양한 절품이다. 물론 황장목은 이 겨레의 일꾼들과 이 작품의 화자를 모두 함유하고 있다.

새는 늘 꿈을 꾼다 하늘 높이 나는 꿈을
걷기도 힘들 만큼 크고도 둔한 날개
지금은 짐스러워도 언젠가는 요긴하리.

남들은 바보새라 무시하고 놀리지만
묵묵히 인내하며 자기 길을 지켜가며
염원을 높이 매달고 수많은 날 불태우리.

비바람 몰아치고 뇌성雷聲 심히 우는 날에
폭풍우 한가운데로 날개 펴고 몸을 던져
창공을 박차고 오르리, 구만리를 날아가리.
「알바트로스의 꿈」 전문

장성덕 시인은 평소에는 늘 점잖고 무심한 듯 잠잠하다. 마치 알바트로스의 평소의 모습과 비교가 된다. 이 작품을 보면 칠순이 넘은 사람으로서는 너무도 큰 웅비의 꿈을 노래하고 있는 것이 아닌가 하는 생각이 들 정도다. 이러한 꿈은 평소의 일상에서 바보 소리를 들을망정 전혀 내색하지 않고 그 누구에게나 겸손하며 묵묵히 자기의 길을 걸어가는 사람에게만 가능하다. 사실은 이것이 알바트로스의 본질적 속성이다. 파르르 달아오르고 금세 싸늘하게 식어가는 냄비근성과는 질적으로 다르다.

이 작품을 통하여 우리는 언제나 큰 인내 속에서 잠잠히 그러나 끝없이 내면을 닦아가는 만년 청년 장성덕 시인을 만나게 된다. 그것은 로고테라피Logotheraphy로 유명한 빅터 프랭크의 실존적 의미 창출을 지향하고 있음에 다름 아니다.

Ⅲ. 마무리

지금까지 장성덕 시인의 작품 세계에 관하여 살펴보았다. 이를 다시 정리하면 다음과 같다.

첫째, 장성덕 시인의 시조 세계는 고향에 대한 애정과 그리움이 바탕을 이루고 있다. 그것은 익숙하고 친근한 아날로그 시대와 함께 사람과 문화와도 자연스럽게 동일시된다. 따라서 그 시대의 규범이나 삶의 방식에 대해서도 애틋한 향수뿐 아니라, 사람을 대하는 방식에도 진정을 주고받는 깊은 인간적 교류를 존중한다.

둘째, 그는 풍류를 즐기는 낭만적 자유인의 풍모를 지니고 있다. 특히 등산과 여행을 즐기며 그 과정에서 보고 듣고 부대끼는 체험을 중시한다. 인간의 개성적이며 본질에 닿아 있는 속성에 가치를 두며, 자연의 아름다움에 심미적 의미 부여하기를 즐긴다.

셋째, 약자와 강자에 대한 인간으로서의 긍지와 멋을 추구한다. 약자라고 해서 피해의식이나 자괴감에 빠져 있는 것이 아니라, 주어진 여건 속에서 의미와 목표를 가지며 성실하게 긍정적 결과를 만들어 나가는, 약자로서의 아름다움을 추구한다. 강자는 강자대로 교만과 자의식에 빠져 있는 것이 아니라, 겸손하게 세상을 보다 나은 방향으로 이끌어가는 데 힘을 보태는, 이른바 노블레스 오블리주를 창조해나가는 강자를 꿈꾼다.

넷째, 그의 작품에는 내 나라 내 민족, 내가 사는 사회에 대한 애틋한 사랑과 자랑으로 가득하다. 부족한 것은 그것을 인정하면서도, 그것을 극복하고 새로운 문화와 사회를 창조해나가는 이름 없는 국민으로서의 의사 열사 그리고 삶과 문화의 콘텐츠를 만들어가는 사람들과 그들이 창조해내는 문화에 대한, 말릴 수 없는 자랑과 사랑이 가득하다.

다섯째, 장성덕 시인이 비록 노년기에 접어들었지만, 끊임없는 새로움을 지향하며 의미와 꿈을 창출하는 실존적 삶의 자세가 돋보인다. 물론 그 속에는 의욕과 열정 그리고 그것을 뒷받침하는 강인한 인내와 성실, 뚝심을 사랑하며 그것을 실현하고자 한다.

여섯째, 어느새 시조 창작의 기량이 깊이와 두터움을 겸비하고 있다. 대범함과 섬세함을 아우르며, 언어운용은 쉽고 자연스러움을 표방한다. 참으로 바람직하다.

또한 시대와 역사, 사회 전반의 공동 문제를 제재와 주제로 선정하며, 그것을 개인적으로 내면화하는 능력이 돋보인다. 나무와 숲을 함께 보는 재능을 지니고 있음이다.

앞으로 더욱 정진하여 훌륭한 시조를 많이 창작하여 우리 시조계에 크게 기여하기를 기대한다.

알바트로스의 꿈

1판 1쇄 발행 2022년 9월 20일

지은이 | 장 성 덕
펴낸곳 | 열린출판
등록 | 제 307-2019-14호
주소 | 서울특별시 서대문구 통일로 48길 13, 201호
전화 | 02-6953-0442
팩스 | 02-6455-5795
전자우편 | open2019@daum.net
디자인 | SEED디자인
인쇄 | 삼양프로세스

ⓒ 장성덕, 2022
ISBN 979-11-91201-27-7 03810

*책값은 뒤표지에 표시되어 있습니다.
*저자와 협의하여 인지를 생략합니다.